Otfried Preußler

Dreizehn Geschichten von armen Seelen und mancherlei Geisterspuk

Illustrationen von
Dietrich Lange

THIENEMANN TASCHENBUCH

THIENEMANN TASCHENBUCH BEI OMNIBUS

Band 26164

Umwelthinweis:
Dieses Buch wurde auf chlorfrei gebleichtem
Papier gedruckt.

Erstmals als Thienemann Taschenbuch
bei OMNIBUS September 2002
Der OMNIBUS Taschenbuchverlag
gehört zu den Kinder- & Jugendbuch-Verlagen
in der Verlagsgruppe Random House
Gesetzt nach den Regeln der Rechtschreibreform
© 1988 K. Thienemanns Verlag
in Stuttgart – Wien
Alle Rechte an dieser Ausgabe bei
OMNIBUS Taschenbuch/
C. Bertelsmann Jugendbuch Verlag, München
in der Verlagsgruppe Random House GmbH
Umschlagbild: Aljoscha Blau
Umschlagkonzeption: Klaus Renner
go · Herstellung: Peter Papenbrok
Satz: Uhl + Massopust, Aalen
Druck: Clausen & Bosse, Leck
ISBN 3-570-26164-6
Printed in Germany

www.omnibus-verlag.de   10 9 8 7 6 5 4 3 2 1

Dem Andenken
meines Vaters

Inhalt

Wohin mit dem Stein?

Dreizehn Geschichten
von armen Seelen und mancherlei Geisterspuk
– oder: Nicht alle Gespenster sind böse,
aber wer kann es wissen?

Ein Wort zuvor

Die Welt ist voller Geheimnisse, voller Rätsel und Überraschungen. Immer wieder geschah und geschieht es, dass sich im Leben des Menschen Dinge ereignen, die über seinen Verstand, über sein Verständnis hinausgehen. Denkwürdige Vorkommnisse solcher Art bilden Grundstoff und Nährboden der Volkssage. Von unerhörten Begebenheiten ist da die Rede, von staunenswerten Geschehnissen, von verblüffenden Wendungen, Glücksfällen, Schicksalsschlägen. Was mag wohl dahinter stecken? Der blinde Zufall, das Walten höherer Mächte? Himmlische Gnade oder die Tücke des Satans? Fragen über Fragen, auf die auch die Volkssage keine letzte Antwort gibt. Die Volkssage deutet Antworten höchstens an. Doch vielleicht macht gerade der Umstand, dass sie so vieles in geheimnisvoller Schwebe belässt, einen ihrer besonderen Reize aus.

Es gibt zahlreiche Sammlungen deutscher Volkssagen. Stellte man sie alle nebeneinander, so würden sie ganze Wände füllen. Wer sich näher mit ihnen beschäftigt, wird zu der Feststellung kommen, dass sich in der Welt der Sage bestimmte Themen, bestimmte Vorwürfe und Motive auffallend häufen. Sie treten an den verschiedensten Orten zutage, nicht selten in weit voneinander entfernten Landstrichen. Keine Geschichte unter den vielen, die einer der anderen völlig gliche, es gibt zwischen ihnen allen kleine und größere Unterschiede, manchmal beginnen zwei Varianten ein und derselben Sage verdächtig ähnlich, um bald schon in entscheidenden Zügen weit voneinander abzuweichen; manchmal führt eine überzeugend beginnende Fassung zu einem durchaus unbefriedigenden Abschluss, anderswo ist das gerade Gegenteil der Fall.

Seit langem trug ich mich mit der Absicht, die schönsten und interessantesten Volkssagen der deutschen Überlieferung und ihres Umfeldes auszuwählen und neu zu erzählen. Dabei war und ist es mein Plan, die unterschiedlichen Fassungen einzelner Geschichten miteinander zu verbinden, um mich auf diese Weise sozusagen dem Idealtyp der betreffenden Sage so weit wie möglich anzunähern. In der Praxis bedeutet das, etwa den überzeugenden Anfang einer Geschichte, die aus dem Sächsischen stammt, mit dem befriedigenderen Schluss zu versehen, wie er aus dem Thüringer

Wald überliefert wird; und zwischendurch werden dann ein paar ergänzende Einzelheiten aus der Lausitz hinzugefügt, ein paar Farbtupfer aus dem Eichsfeld.

Ich bin ein Geschichtenerzähler, kein wissenschaftlicher Sagensammler. In diesem Buch will ich nichts weiter tun als Geschichten erzählen – Geschichten, die ich aus dem einen oder anderen Grund für besonders erzählenswert halte. Dabei nehme ich mir ganz bewusst die Freiheit, mit den vorgefundenen Stoffen zu spielen, Überliefertes auf meine persönliche Art erzählerisch abzuwandeln, stets in der Absicht, das zu Erzählende rund und schlüssig zu machen.

Nach den Schatzgeschichten (OMNIBUS 21624) und den Geschichten von Hexen und Zaubermeistern (OMNIBUS 26135) folgen nun dreizehn Geschichten von armen Seelen und mancherlei Geisterspuk.

Erlösung – das könnte ein Schlüsselwort für diese Geschichten sein. Was geschieht nach dem Tode? Ist dann alles zu Ende? Und wenn nicht – wie mag es dann weitergehen? Dies ist eine der großen Menschheitsfragen. Eine Frage, mit der sich Philosophen und Glaubenslehrer seit jeher befasst haben. Auf ihre Weise steht ihnen da die Volkssage um nichts nach. Arme Seelen, die keine Ruhe finden; Gespenster, die der Erlösung

11

harren. Es gibt hunderte solcher Sagen, aberhunderte. Die Grundlage für sie alle bildet der Glaube an die Unsterblichkeit der menschlichen Seele, an ihr Fortleben über den leiblichen Tod hinaus. Und alle, alle sind sie getragen von der Zuversicht, dass es der Seele des Menschen bestimmt sei, die ewige Ruhe im Frieden Gottes zu finden – falls nichts dazwischenkommt. Und dazwischenkommen kann leider mancherlei, wie man hören und lesen wird.

Frühmesse im Advent

Die Frage, wie es im Jenseits beschaffen sei: Immer wieder wurde und wird sie gestellt. Und die Antwort darauf? Selbst wenn sie »von drüben« erfolgt, bleibt alles im Zwielicht des Ungefähren, des Rätselhaften. Geschichten von Auskünften über das Jenseits sind weit verbreitet, ebenso das Motiv der Gespenstermette. Zu gewissen Zeiten des Jahres, meist im Advent oder in der Silvesternacht, verlassen die Toten ihr dunkles Reich und versammeln sich in der Kirche zu nächtlichem Gottesdienst. Zuweilen geschieht es wohl, dass sich ein Lebender unter die Schar der Abgeschiedenen verirrt. Und ob Zufall oder nicht: Fast immer sind es verwitwete Mütterchen oder alte Jungfern, denen solches widerfährt – so auch in der folgenden Geschichte, in der sich die beiden Sagentypen miteinander verbunden haben.

Im schlesischen Georgental lebten einst zwei alte Fräuleins, die hatten sich miteinander verabredet: Welche von ihnen als Erste stirbt, soll der anderen Kunde geben, wie es drüben im Jenseits beschaffen sei. Und wie nun das eine Fräulein gestorben war, hat die andere auf den ihr zugesagten Bescheid gewartet. Darüber wurde es Herbst und Winter. Schon glaubte die übrig Gebliebene sich vergessen, da hörte sie eines Nachts im Traum eine Stimme, die sie beim Namen rief. Die Stimme schien von weit herzukommen, aus einer anderen Welt. Am kommenden Morgen, so ließ sich die Stimme vernehmen, möge das Fräulein in die Rorate gehen, so heißen in manchen katholischen Gegenden die Frühmessen im Advent.

Nun gut, einer solchen Stimme muss man gehorchen, zumal es ja keine Sünde ist, was da verlangt wird. Und wie nun das alte Fräulein am nächsten Morgen die Zeit zur Rorate gekommen meint, legt sie das wärmste Kleid an, das sie im Schrank hat, hüllt sich in ihren Pelz und begibt sich zum Gotteshaus. Es ist hell draußen, mondhell und hell vom Schnee, die Straßen des Städtchens jedoch sind still und menschenleer. Oje,

denkt das alte Fräulein erschrocken. Da werd ich mich wohl verspätet haben… Dies scheint auch wirklich der Fall zu sein. Wie sie zum Kirchplatz kommt, ist das Gotteshaus hell erleuchtet, Orgelspiel tönt ihr entgegen, sie hört Gesang. Auf Zehenspitzen betritt sie die Kirche, die Bänke sind dicht besetzt. Doch seltsam! Unter den vielen Betern findet sich kein bekanntes Gesicht. Auch der Geistliche am Altar ist ihr fremd, so fremd wie die Sänger und Ministranten.

Dem Fräulein fällt auf, dass die meisten Leute gekleidet sind wie auf alten Bildern: Die Weiber tragen gestärkte Spitzenhauben mit goldenen Borten, die Männer weiße, kunstvoll gefältelte Halskrausen. Und alle sind sie von Angesicht grau und fahl, wie verschleiert von Spinnweben.

Großer Gott!, muss das Fräulein denken und ahnt schon, wohin sie geraten ist. Und plötzlich spürt sie, wie eine kalte Hand sich ihr auf die Schulter legt: so kalt, dass es durch den Pelz und das warme Kleid hindurchdringt bis auf die Haut.

»Weg hier!« Es ist die verstorbene Freundin, hastig zieht sie die Lebende mit sich fort, zur Tür hin. Dort raunt sie ihr zu: »Du hast von mir wissen wollen, wie's drüben ist…'s ist anders, als du gedacht hast – 's ist anders, als ich gedacht hab. Aber sie nehmen es sehr genau dort.«

Dann drängt sie die Freundin, sich auf und davon zu machen. Den Pelz aber, falls ihr das Leben lieb sei – den Pelz soll sie auf der Schwelle des Gotteshauses zurücklassen! Das alte Fräulein gehorcht ihr, sie streift den Pelz ab und eilt nach Hause. Nun weiß sie, dass sie sich in der Zeit vertan haben musste, dass sie zu früh zur Rorate gekommen und irrtümlich in die Gespenstermette geraten war. Na, gottlob ist ja alles noch einmal zu einem guten Ende gediehen, drei Kreuze drüber!

Zur Rorate ist es an diesem Morgen nicht mehr gegangen, das alte Fräulein. Aber die Nachbarn haben es ihr erzählt: Als sie zur Kirche gekommen seien, da habe dort ein zerrissener Pelz vor der Tür gelegen. Zerrissen? Na ja, wie von Krallen zerfetzt, wie zerfleddert von wilden Tieren… Das Fräulein hört es mit Schaudern. Sie weiß, wer den Pelz zerfetzt und zerfleddert hat. Das sind keine wilden Tiere gewesen, das haben die Toten getan, beim Verlassen der Kirche. Und wenn sie das alte

Fräulein erwischt hätten statt des Pelzes, so wären sie mit dem alten Fräulein nicht anders verfahren. Dies ist gewisslich wahr.

Käffer spielt auf

Die Ruhe der Toten ist heilig. Wer sie stört, setzt das eigene Leben dabei aufs Spiel. Einerlei ob er vorsätzlich handelt, aus Leichtsinn oder im Rausch. Denn die Toten verstehen keinen Spaß. Und sie kennen mit dem, der sie aufweckt aus ihrem ewigen Schlaf, kein Erbarmen. Wenn der Störenfried mit dem bloßen Schrecken davonkommt, wie jener Spielmann im Bergischen Land, von dem in der nächsten Geschichte die Rede ist, kann er von Glück sagen.

Der alte Käffer, ein wandernder Musikant, war eines späten Abends von Overath, wo er zum Tanz aufgespielt hatte, unterwegs nach Bensberg. Er mochte wohl einiges über den Durst getrunken haben, wie er später selbst zugegeben hat. So war es kein Wunder, dass er auf seinen nicht mehr ganz sicheren Beinen den Weg verlor und versehentlich auf den Bensberger Friedhof geriet. »Erst mal rasten«, beschloss er. »Dann wollen wir weitersehen.«

Einer der Hügel dient ihm als Sitz. Der Mond scheint, die Grabsteine werfen lange Schatten. Bei ihrem Anblick fröstelt's den alten Käffer, er kriegt eine Gänsehaut. Um sich Mut zu machen, holt er die Fiedel vom Rücken und setzt den Bogen an. »Heißa, ihr armen Seelen!«, ruft er. »Glaubt ja nicht, dass ich mich vor euch fürchte! Jetzt wird euch der alte Käffer eins aufspielen!« Damit fiedelt er los, was die Saiten hergeben, laut und lustig wie auf dem Tanzboden. »Wie gefällt euch das? Immer herzu, wer da Lust zum Tanzen hat!«

Und die Toten? Die Toten lassen sich das nicht zweimal sagen. Es öffnet sich hier ein Hügel, es öffnet sich dort ein Hügel. Weiß gewandet steigen sie aus den Gräbern herauf ans Mondlicht: Männer und Weiber, Junge und Alte, ein ganzer Schwarm. Sie fassen sich bei den Händen, sie fangen zu tanzen an, dass die Gebeine klappern und klappern.

Den Spielmann graust es beim Anblick des schaurigen Reigens, wen hätte es nicht gegraust? »Aufhören! Aufhören!«, ruft er verzweifelt. »Schluss jetzt – und fort mit euch!«

Die Toten aber gehorchen ihm nicht, im Gegenteil! Kaum setzt Käffer den Bogen ab, dringen sie auf ihn ein, als ob sie ihn packen wollten. Sie fletschen die Zähne, sie greifen mit ihren Knochenfingern nach ihm. Da bleibt Käffer nichts anderes übrig, aufs Neue fängt er zu fiedeln an und der Tanz geht weiter.

Es wehen die Schleier, es flattern die Leichentücher im Schein des Mondes. Je lauter, je schneller der Alte spielt, desto weiter weichen die Toten von ihm zurück. Doch sowie er ein wenig nachlässt, rücken sie wieder näher heran und bedrängen ihn. Wenn er nicht möchte, dass ihm die Toten den Kragen umdrehen, muss er fiedeln.

Der Spielmann weiß, dass er um sein Leben fiedelt. Wenn nur die Saiten nicht reißen, wenn nur der Bogen hält! Längst ist er hundemüde, der Alte, es schmerzen ihn Arm und Schulter. Ach was! Er spielt mit zusammengebissenen Zähnen weiter, er spielt und spielt – bis die Glocke eins schlägt.

Da huschen die Toten davon, sie versinken im Erdreich. Ein letztes Klippern, ein letztes Klappern. Die Gräber schließen sich über den bleichen Gestalten wieder, alles ist ausgestanden. Jetzt wagt es

Käffer, den Bogen sinken zu lassen. Die Fiedel gleitet ihm aus der Hand, bleierne Müdigkeit übermannt ihn, der Rausch tut das Seine hinzu.

Anderntags in der Morgenfrühe fand man den Alten zwischen den Gräbern liegen und lauthals schnarchen. Es sei nicht ganz einfach gewesen, ihn aufzuwecken. Und als man ihn endlich wach hatte, habe er allerhand wirres Zeug gefaselt, von klapperndem Totengebein und von wehenden Leichentüchern. Ansonsten soll Käffer jedoch bei dem mitternächtlichen Abenteuer nicht weiter zu Schaden gekommen sein, was ihm gern vergönnt sei.

Alle neune!

Wüste Stätten, geborstene Türme, verwaistes Ge-
mäuer: Der Volksglaube stattet sie gern mit Geis-
tern aus, er bevölkert sie mit Gespenstern, mit
mancherlei Spukgestalten. Kaum eine Burgruine
ohne gespenstischen Raubritter; kaum ein zer-
fallenes Schloss, ohne dass mindestens ein ver-
wunschenes Edelfräulein dort umgeht. Gespenster nisten sich im Gerinne aufgelassener Mühlen
ein, in der Tiefe nicht mehr befahrener Erzstollen,
in den Öfen niedergebrannter Glashütten. Auch in
der Kirchenruine zu Vöppstedt im Braunschwei-
gischen soll es zuweilen heftig gespukt haben;
kein Wunder, wenn man der Überlieferung glauben darf, der zufolge in alten Zeiten dort eine
Rotte von sieben Straßenräubern nach Recht und
Gesetz vom Leben zum Tode gebracht worden sei,
und zwar mit dem Richtschwert.

Eines Abends, das mag nun schon gute zweihundert Jahre her sein, hatte ein Taglöhner aus einem der benachbarten Dörfer beschlossen, im Vöppstedter Erbschaftsforst zu wildern. Auf dem Weg dorthin musste er an der Kirchenruine vorbei. Der Mond war hinter den Wolken hervorgetreten, ein Käuzchen schrie, in der Ferne läutete eine Turmuhr die Mitternachtsstunde ein. Und kaum dass die Glockenschläge verhallt waren, hörte der Wilddieb aus nächster Nähe lautes Gelächter und fröhliche Männerstimmen. Der Lärm kam, so war es ihm, aus dem Inneren des verfallenen Gotteshauses – und richtig, nun sah er auch, dass die leeren Fensterhöhlen erleuchtet waren, erleuchtet von rötlichem Flammenschein.

Was das wohl zu bedeuten hatte? Der Wilddieb wollte der Sache nachgehen, er trat näher heran. Kaum aber hatte er zwei, drei Schritte getan, da packte ihn jemand beim Kragen – und ab mit ihm, in die Kirche hinein!

Der Innenraum war von Fackeln erleuchtet. Sechs Männer, nein sieben hatten sich dort versammelt, alle in altertümlicher Kleidung. Ein wenig sahen sie wie Soldaten aus. Federhüte mit breiten

Krempen, Reiterstiefel, Pistolenhalfter am Gürtel, lederne Westen unter den Waffenröcken. Den Hals trugen alle sieben frei. Und alle hatten sie unterm Kinn einen roten Strich um den Hals – oder waren es Fäden von rotem Zwirn?

Die Augen der Männer glühten im Fackelschein. Einer von ihnen, vermutlich der Anführer, trug eine schwarze Klappe über dem linken Auge. Mit dröhnender Stimme hieß er den Wilddieb willkommen: »Gut, dass du endlich da bist, Bursche! Das Spiel kann beginnen, setz uns die Kegel auf!«

Den Taglöhner packte beim Anblick der Kegel das kalte Grausen: Es waren Totenbeine! Aber was blieb ihm übrig? Der gute Mann überwand sich, er stellte die seltsamen Kegel auf. Es waren nicht neun an der Zahl wie üblich, es waren bloß sieben. Na, auch gut! Den längsten Knochen nahm er als König und setzte ihn in die Mitte des Spiels.

»Jetzt aber los!«, rief der Kerl mit der schwarzen Augenklappe. »Die Kugeln zur Hand, Gesellen – und angeschoben!«

Die Männer entledigten sich der Hüte und nahmen die Köpfe ab. Ja wahrhaftig! – Sie nahmen die

Köpfe ab und bedienten sich ihrer als Kegel-
kugeln. Die Köpfe holperten über den steinernen
Kirchenboden. Die Totenbeine, soweit getroffen,
purzelten durcheinander. Der Taglöhner sagte die
Treffer an, er setzte die umgekegelten Knochen
nach jedem Schub wieder auf. Nicht genug damit!
Die Männer verlangten auch, dass er den Köpfen
nachlief, dass er sie auflas, Schwung holte und sie
zu ihren Besitzern zurückrollen ließ.

Sobald sie gekegelt hatten, nahmen die Männer die Köpfe unter den Arm und warteten ab, bis
sie wiederum an der Reihe waren. Sie lachten, sie
scherzten, sie machten sich lauthals darüber lustig, wenn einer danebengekegelt hatte. Wie das?
Es waren die Köpfe, die unter dem Arm getra-
genen Köpfe der Spieler, die lachten und fluchten!
Die Köpfe mit ihren glühenden Augen: Sie nahmen kein Blatt vor den Mund, sie spendeten Lob
und Tadel, und dies nicht gerade zimperlich.

Schlag auf Schlag ging es weiter im Kegelspiel.
Kaum dass der Taglöhner nachkam, kaum dass
er Zeit zum Verschnaufen fand. Rummsdich! –
Schon hatte es wieder eingeschlagen unter den To-
tenbeinen, schon hieß es von neuem: »Setz auf, du

Faulpelz! Setz auf, setz auf!« Schub auf Schub folgte, schneller und immer schneller...

»Und jetzt!« Diesmal war es der Kerl mit der schwarzen Augenklappe, der an der Reihe war. »Jetzt gebt Acht, Gesellen – jetzt zeig ich euch, wie gekegelt wird!«

Er streckte das linke Bein vor, er holte mit seinem Schädel weit aus – und dann ließ er ihn rollen... Um besser sehen zu können, hoben die Männer die Köpfe hoch, jeder mit beiden Händen. Der Kopf des Anführers holperte über den steinernen Kirchenboden dahin – und dann räumte er unter den beinernen Kegeln auf, dass es nur so schepperte.

Und der Wilddieb? Obzwar es ja lediglich sieben Kegel waren – der Wilddieb riss beide Arme hoch, tat einen Luftsprung und jubelte: »Alle neune!«

Im nächsten Augenblick holte der Kerl mit der Augenklappe zum Schlag aus. »Du spottest unser? Das tust du nicht ungestraft!« Er versetzte dem Wilddieb mit voller Wucht eine Maulschelle. »Dich werd ich lehren, was alle neune sind!«

Ob neune, ob sieben: Zum Glück schlug es, wie bestellt, von der fernen Turmuhr gerade eins. Die

Geisterstunde war abgelaufen, die sieben Fremden lösten sich vor den Augen des Taglöhners auf wie Rauch vor dem Wind, die Fackeln erloschen, die Totenbeine verschwanden.

Was dem Wilddieb verblieb, war ein blaues Auge. Sei's drum! Besser ein blaues Auge, als wenn man bei einer solchen verdammten Geschichte um Hals und Kragen kommt. Und das hätte ja, wenn wir ehrlich sind, leicht der Fall sein können.

Unvergessen und nicht verziehen

Stets und überall gibt es Menschen, die in der Wahl ihrer Mittel nicht zimperlich sind, schon gar nicht, wo es um Macht, um persönliches Ansehen, um Besitztum geht. Gerade die kleinen, die einfachen Leute bekommen das oft zu spüren. Das ist immer schon so gewesen. Mancher Despot, mancher Schurke und Leuteschinder hat sich auf ihre Kosten bereichert, hat sie um Lohn und Ernte, um Haus und Habe, um Geld und Gut gebracht. Es ist den Bedrückern und Blutsaugern unvergessen geblieben und nicht verziehen: Ihr böses Andenken hat sich im Volk erhalten. Und sollten sie nicht schon zu Lebzeiten für ihre Übeltaten bestraft worden sein, so haben sie nach dem Tod umso härter dafür zu büßen.

Um die Wende des 17. Jahrhunderts, zu Zeiten des Grafen Johann Wenzel von Gallas, hatten dessen Untertanen auf den nordböhmischen Herrschaften

Friedland und Reichenberg nichts zu lachen; dafür sorgte der gräfliche Hauptmann Christian Platz von Ehrenthal, der nicht müde wurde, sie harten Herzens zu drangsalieren und auszubeuten, ganz zu schweigen von der schnöden und unerbittlichen Art, in der er mit ihnen umsprang. So wurde er rasch zum meistgehassten Mann auf den beiden Herrschaften. Und als er dann eines plötzlichen Todes verblich, gerüchtweise hieß es, er sei vergiftet worden, ereilte ihn prompt die verdiente Strafe.

In der Amtsstube auf dem Schloss zu Reichenberg, die er zu Lebzeiten innegehabt hatte, ließ sich von jetzt an in manchen Nächten ein grässliches Ächzen und Stöhnen vernehmen, von Kettenrasseln und lautem Gepolter begleitet. Den Schlossbewohnern war klar, wem der Lärm zu verdanken war. Als es dem neuen Hauptmann Elias Kessler zu bunt wurde, fasste er sich ein Herz, und beim nächsten Mal ging er nachsehen, was in der Amtsstube los sei. Doch hatte er kaum die Tür einen Spaltbreit geöffnet, da flog ihm ein Tintenfass an den Kopf, und die Stimme seines verstorbenen Vorgängers fauchte ihn an: »Mach, dass du hier verschwindest!«

Am Morgen danach herrschte in der Kanzlei ein unbeschreibliches Durcheinander. Tische und Stühle waren umgestürzt, wie im Zorn verstreut, lagen Bücher und Aktenbündel auf dem Fußboden herum. Doch am schlimmsten war der Gestank, der den Raum erfüllte: der Gestank nach verdorbenem Käse!

Dazu muss man wissen, dass der böse Hauptmann Platz die Untertanen des Grafen Gallas vor einigen Jahren dazu gezwungen hatte, auf den herrschaftlichen Meierhöfen für teures Geld verdorbenen Käse zu kaufen, den er anderweitig nicht hatte loswerden können. Und wer um den Kauf des ungenießbaren Käses herumkommen wollte, hatte dafür ein besonderes Käseverschonungsgeld zu entrichten, das auch nicht gerade niedrig war. Kein Wunder also, dass es in der Kanzlei nach dem nächtlichen Zwischenfall ausgerechnet nach Käse stank. Nicht genug damit! Nach verdorbenem Käse stank es von jetzt an stets in der Amtsstube, wenn in der Nacht zuvor das Gespenst dort gepoltert hatte. Es stank so entsetzlich, dass man auf schleunige Abhilfe sinnen musste.

Der neue Hauptmann holte sich Rat bei den

Franziskanern im Kloster Maria Haindorf, wo damals drei Patres lebten, die schon Erfahrung hatten in solchen Dingen. Sie wurden zu dritt nach Reichenberg auf das gräfliche Schloss beschieden, dort sollten sie die Beschwörung gemeinsam ins Werk setzen. Um sicherzugehen, legten sie erst noch die heilige Beichte ab. Jedermann nämlich, der ein Gespenst beschwören und bannen will, muss frei sein von jeder noch so geringen Sünde.

Den Abend verbrachten die drei im Gebet in der Schlosskapelle. Um Mitternacht zogen sie die Kapuzen über, begaben sich in die Amtsstube und zitierten die Seele des toten Hauptmanns herbei. Unter Lärm und Getöse erschien die Gestalt eines hageren Mannes, durchsichtig wie ein grauer Schleier. Weshalb sie gekommen seien, wollte der Geist des Toten von ihnen wissen.

»Um dich an einen Ort zu verbannen, oh arme Seele, wo du mit deinem bösen Treiben niemandem schaden kannst«, sagte der älteste der drei Patres.

»Dann müsstest du frei sein von aller Sünde«, erwiderte das Gespenst unter Hohngelächter. »Entsinnst du dich, dass du als Kind einmal aus des Nachbars Obstgarten einen Apfel gestohlen hast?

Eine lässliche Sünde, gewiss. Doch da du vergessen hast, sie zu beichten, ist sie dir nicht vergeben. Woher also willst du die Macht nehmen, mich zu bannen?«

Nicht anders erging es dem zweiten Pater, hatte er doch zu beichten versäumt, dass er dereinst seiner Mutter als Hosenmatz ein Stück Zucker stibitzt hatte.

»Und du bist um kein Haar besser!« Damit wandte sich das Gespenst an den dritten, den jüngsten Pater. Vergangenen Sommer sei er an einem Kornfeld vorbeigekommen, da habe er mit dem Riemen seiner Sandale versehentlich eine der reifen Ähren vom Halm gestreift, sich danach gebückt und sie in die Tasche geschoben. »Auch dies war ein Diebstahl!«, eiferte das Gespenst. »Warum hast du ihn nicht gebeichtet?«

»Weil ich mir keiner Sünde bewusst bin«, bekannte der junge Pater. »Zwar habe ich damals die Ähre eingeschoben, das stimmt schon – aber die Körner, die habe ich nicht für mich behalten. Im Winter hab ich sie meinen kleinen Geschwistern im Herrn, den Spatzen und Meisen, ins Futter gestreut. Was gäbe es da zu beichten?«

Da musste der Geist sich geschlagen geben, winselnd sank er in sich zusammen. Und was weiter? Der junge Pater verbannte ihn in den Hemmrichbusch, einen Wald voller Steine und Felsblöcke auf der Grenze zwischen den Herrschaften Friedland und Reichenberg. Dort, so gebot er dem bösen Hauptmann zur Strafe für seine Missetaten, möge er Steine sägen bis an den Jüngsten Tag – und so ist es denn auch gekommen.

Einmal bin ich als Junge mit meinem Vater und dessen Bruder zu später Stunde über den Hemmrich gegangen. Es war eine finstere Herbstnacht, die Wipfel rauschten im Wind, ächzend und knarrend rieben die Bäume sich an den Nachbarbäumen. »Das ist nicht der Wind und das sind nicht die Bäume.« Der Onkel belehrte mich hinter vorgehaltener Hand. »Das ist Platz von Ehrenthal! Der verwünschte Hauptmann tut Steine sägen …« Ich wusste nicht, ob ich den Worten des Onkels glauben durfte. Da ihm jedoch mein Vater nicht widersprach, mochte es wohl seine Richtigkeit damit haben.

Wohin mit dem Stein?

Wer zu Lebzeiten heimlich Unrecht getan hat, ohne es wieder gutzumachen, der muss damit rechnen, dass er nach dem Tode für die offen gebliebene Rechnung büßen muss. Jedenfalls kennt die Sage hunderte und aberhunderte solcher Fälle von ruhelosen Toten: Männer wie Frauen, einfache Leute und hoch gestellte Persönlichkeiten, Bauern- und Bettelvolk, Bürgersleute und Standespersonen von Rang und Adel. Ob sie aus ihrem Gespensterdasein erlöst werden oder nicht, das hängt in der Regel von einem Zufall ab, nicht selten von einem einzigen Wort, einem guten Ratschlag, am rechten Ort und zu rechter Stunde erteilt.

Im Mecklenburgischen, unweit von Güstrow, lebte vor ein paar Menschenaltern ein Bauer, den sie im weiten Umkreis den reichen Klas nannten, übrigens nicht von ungefähr. Und da Reichtum und Geiz nicht selten die gleiche Wurzel haben und da auch zuweilen aus ebenderselben Wurzel die Habgier sprießt, darf es uns nicht verwundern, dass auch der reiche Klas sich mit all seinem Reichtum noch nicht zufrieden gab. Und so hat er versucht, ihn auf jede erdenkliche Weise zu mehren und auszuweiten, beispielsweise auch dadurch, dass er in mondlosen Nächten den einen oder den anderen Grenzstein ausgrub, um ihn dann ein paar Schritte tiefer ins Land seiner Anrainer zu versetzen: Das trug ihm, da er mit aller gebotenen Umsicht zu Werk ging, im Lauf der Jahre einigen wohlfeilen Zuwachs an Grund und Boden ein.

Tja, und da hat ihn dann eines Tages der Schlag getroffen, den reichen Klas – und aus war's mit ihm. Was nützte ihm nun sein ganzer Reichtum, sein schöner Besitz, der nicht immer auf redliche Weise erworben war?

Es kam, was nicht ausbleiben konnte. Kaum war er unter der Erde, der reiche Klas, selbstverständlich mit allen Ehren, mit Pastor und Kreuz und Kirchenchor, mit Blumen, Kränzen und Böllerschüssen und allem, was sonst noch zu einem vornehmen Leichenbegängnis gehört: Kaum war er unter die Erde gebracht, da war er schon wieder da, aber als Gespenst!

Er ließ sich, wen darf es wundern, in mondlosen Nächten sehen, die Grenzen seines Besitztums abschreitend. Unter Ächzen, Stöhnen und Keuchen, nach Art eines Mannes, der eine schwere Bürde mit sich herumschleppt. Schattenhaft hat er sich sehen, deutlich hat er sich hören lassen: »Äch-äch-äch! Äch-äch-äch!« Und manchmal hat er mit hohler, mit grässlicher Geisterstimme hinzugefügt:

»Oh Not und Pein!
Wohin mit dem Stein?«

Es dürfte nicht schwer zu erraten sein, was für ein Stein das gewesen ist, den der Tote mit sich herumschleppen musste, nämlich der größte und schwerste von allen Grenzsteinen, die er heimlich versetzt hatte. Einmal ist er mit seiner Bürde dem Küster begegnet, der auf dem Heimweg von einer Hochzeitsfeier gewesen ist. Und wie das Gespenst ihn nun fragt: »Wohin mit dem Stein?«, da antwortet ihm der Küster lachend: »Ach, schmeiß ihn doch einfach weg!«

Aber das ist keine gute Antwort gewesen. Zornig tritt das Gespenst den Küster ins Kreuz, dann treibt es ihn vor sich her, mit Knüffen und Püffen, bald in den Rücken, bald in den Allerwertesten. Erst bei den ersten Häusern des Dorfes hat es dann wieder abgelassen von ihm.

Noch häufig hat das Gespenst sich in mondlosen Nächten sehen lassen, draußen im freien Feld. Geächzt hat es und gestöhnt. Und noch viele Male hat es mit hohler, mit grässlicher Geisterstimme gerufen:

»Oh Not und Pein!
Wohin mit dem Stein?«

Die Leute haben sich nicht getraut, dem Gespenst zu antworten, denn es hatte sich rasch herumgesprochen, wie es dem Küster ergangen war. Bis dann der Geist eines Nachts an den Lehrer Püschel geraten ist. Und der Herr Lehrer Püschel, ein braver Mann, gibt dem Toten auf dessen Frage zur Antwort: »Leg ihn in Gottes Namen dorthin zurück, wohin er gehört!«

Daraufhin, so berichtete der Herr Lehrer Püschel, habe des reichen Klasen Gespenst einen tiefen Seufzer getan, schon im Dahinschwinden: einen Seufzer aus tiefster Seele – und hiermit sei es erlöst gewesen für Zeit und Ewigkeit.

Der Schlafhaubenkramer

Wer kann es Gespenstern schon recht machen? Nicht immer muss es ein frommer Zuruf sein, der dem Geist eines Abgeschiedenen die Erlösung bringt. Manchmal hilft auch ein guter Rat, manchmal ein Wort des Dankes, ein Wort des Mitleids, manchmal die rechte Frage zur rechten Zeit. Und der Schlafhaubenkramer in München – der hat's noch auf eine ganz andere Weise fertig gebracht, wie man gleich erfahren wird.

In München hat es vor langer Zeit einen Kramer gegeben, der hat seinen Kramladen unweit der Frauenkirche gehabt, in der Weinstraße. Ein tüchtiges Mannsbild soll er gewesen sein, immer zum Spaßen aufgelegt, das Herz auf dem rechten Fleck. Und den echten Münchner Bierdurst, den hat er auch gehabt. Abend für Abend ist er hinübergegangen zum Bräu und immer hat er, als durstige Seele, den kürzesten Weg genommen ins Wirtshaus, über den Frauenfriedhof. Heimzu jedoch, da hat er sich diesen Weg nicht zu gehn getraut. Es hieß nämlich damals allgemein in der Münchnerstadt, nach dem Läuten der Bierglocke sei es ratsam, den Frauenfriedhof zu meiden: Dort treibe um diese Zeit ein Gespenst sein Unwesen, weiß gewandet, mit einer Schlafhaube auf dem Kopf.

Dem Kramer ist es schon lang zuwider gewesen, jedes Mal, wenn er vom Bräu nach Hause gegangen ist, einen Umweg zu machen, bloß wegen dem Gespenst mit der Schlafhaube. Eines Abends dann, wie sie am Biertisch wieder einmal von nichts anderem geredet haben als von dem Geisterspuk auf dem Frauenfriedhof, da ist es dem Kramer zu bunt geworden. »Dass ihr's nur alle wisst!«, hat er ausgerufen und mit der Faust auf den Tisch gehaut. »Mir glangt's jetzt! Noch heut geh ich über den Frauenfriedhof nach Haus, grad extra – und nix auf der Welt soll mich davon abhalten!«

Also, er trinkt sich Mut an, den Mut wird er brauchen können. Dann greift er zu Stock und Hut, zündet die Kerze in seiner Laterne an und mit hochgeschlagenem Kragen tritt er den Heimweg an.

Wie er nun aber den Frauenfriedhof noch kaum betreten hat, taucht auch schon hinter den Grabsteinen eine weiße Gestalt hervor, die verstellt ihm den Weg. Deutlich erkennt er im Schein der Laterne, dass das Gespenst eine Schlafhaube auf dem Kopf trägt. »Aus dem Weg!«, ruft der Kramer und schwenkt seinen Stecken. »Platz da!« Der Geist mit der Schlafhaube aber rührt sich nicht vom Fleck. »Hörst du nicht?«, ruft der Kramer. »Platz machen sollst du!« Wiederum tut der Geist nichts dergleichen, er denkt überhaupt nicht daran. »Ja Himmelfix noch amal!« Der Kramer holt aus, und dann gibt er dem störrischen Nachtgespenst eine solche Watschen, dass ihm die Schlafhaube runterfällt.

Im gleichen Augenblick kriegt der Kramer es mit der Angst. Mag sein, dass das Bier seine Wirkung verloren hatte. Jedenfalls ist ihm das Herz jetzt mit einem Mal in die Hosen gefallen. Da packt ihn das kalte Grausen, den Kramer. Den Stock schmeißt er weg, die Laterne, er schreit um Hilfe und rennt davon, auf sein Haus in der Weinstraße zu.

Der Schlafhaubengeist, nicht faul, setzt dem Kramer nach. Heulend und zähneknirschend. Schon greift er ihm nach dem Mantel, schon hat er ihn fest beim Schlafittchen – aber gerade noch rechtzeitig kann der Kramer ins Haus schlüpfen. Bums! haut er hinter sich die Tür zu.

Ins Haus hinein hat der Geist ihm nicht folgen können, denn auf dem Querbalken über der Haustür, da haben nach altem Brauch, mit geweihter Kreide dort angeschrieben, die Buchstaben C M B gestanden, seit dem Dreikönigstag, samt der Jahreszahl und drei Kreuzen.

»Gottlob!«, hat der Kramer gedacht. »Jetzt kann er mir nix mehr antun, der Geisterspuk!« Auf schwankenden Beinen steigt er hinauf in die Schlafkammer: Doch oh Schreck! – wie er oben anlangt, schaut das Gespenst schon mit feurigen Augen zum Fenster herein.

»Heilige Jungfrau!« Der Kramer hat überm Bett ein Bild der Altöttinger Muttergottes hängen. In seiner Bedrängnis reißt er es von der Wand und schleudert's mit letzter Kraft dem Gespenst entgegen. Dann fällt er zu Boden, die Sinne schwinden ihm, wie ein Klotz bleibt er bis zum anderen Morgen liegen und tut keinen Mucks mehr.

Wie er dann aufwacht, am hellen Vormittag, und sich die Augen reibt, sieht er zu seinem grenzenlosen Erstaunen das Bild der Altöttinger Muttergottes am alten Platz hängen, überm Bett an der Wand, als ob nichts geschehen sei. »Sonderbar ist das schon«, muss der Kramer denken und kratzt sich am Kopf. »Ob ich die ganze Schlafhaubengeistergeschicht bloß geträumt hab, die damische?«

Doch geträumt haben kann er dies alles auf keinen Fall. Das geht erstens daraus hervor, dass der Totengräber, wie er am Morgen zum Frauenfriedhof hereingekommen ist, zwischen den Grabsteinen die Laterne vom Kramer gefunden hat und den Stock dazu. Zweitens jedoch, und das ist der Hauptbeweis, hat sich seit jener Nacht auf dem Frauenfriedhof zu München der Geist mit der Schlafhaube nie mehr sehen lassen, weder vor dem Läuten der Bierglocke noch danach – und das muss seinen Grund gehabt haben.

Ob es die Watschen war, die dem Gespenst zur Erlösung verholfen hat, oder der Wurf mit dem Muttergottesbild oder beides zusammen: Man weiß es nicht. Fest steht nur eines. Sobald die Geschichte ruchbar geworden war in der Münchnerstadt, da hat man dem Kramer sogleich einen diesbezüglichen Spitznamen angehängt, und nachmals ist dieser Name sogar auf das Haus in der Weinstraße übergegangen, das seither »beim Schlafhaubenkramer« geheißen hat.

Gib mir meine Kappe wieder!

Von Gespenstern mit Schlafhauben oder Zipfelkappen weiß man nicht nur an der Isar zu berichten. Auch auf dem Kirchhof im schwäbischen Markelsheim beispielsweise habe sich hin und wieder der Geist eines toten Mannes mit einer Zipfelkappe gezeigt, die ihm offenbar wert und teuer gewesen ist; wie denn die Abgeschiedenen insgemein eifersüchtig darüber zu wachen pflegen, dass kein Lebender ihnen wegnehme, was sie an irdischer Habe mit sich hinübergenommen haben in jene Welt.

Eines Abends im Spätherbst saßen die Mädchen von Markelsheim in der Spinnstube beisammen, und wie es so geht beim traulichen Schein der Lampe, wenn es schön warm und gemütlich ist in der Stube, erzählten sie sich Gespenstergeschichten. Dabei kamen sie auch auf den Geist mit der Zipfelkappe zu sprechen, der sich von Zeit zu Zeit auf dem Kirchhof sehen ließ, und eines der Mädchen, ein lustiges, übermütiges Ding mit langen Zöpfen, erbot sich dazu, auf den Gottesacker zu gehen und dem Gespenst die Zipfelkappe vom Kopf zu ziehen.

»Das getraust du dich nicht!«

»Ich getrau mich's wohl!«

Schlag Mitternacht eilte die Furchtlose auf den Kirchhof hinaus. Und wer sagt's denn – auf seinem Grabhügel hockte der Geist mit der Zipfelkappe. Hohlwangig, bleich und starr saß er da, mit gefletschten Zähnen, die Knochenfinger gespreizt, und starrte sie an.

Das Mädchen ließ sich nicht Bange machen. Sie trat auf ihn zu, schlug ein Kreuz und riss dem Gespenst die Zipfelkappe vom Kopf. Grips-graps, das war rasch geschehen! Dann rannte sie mit der Kappe des toten Mannes zurück in die Spinnstube, zu den anderen Mädchen. Dort wähnte sie sich in Sicherheit, aber weit gefehlt!

Über ein Weilchen ließ sich, zu aller Entsetzen, der Tote am Fenster sehen, bleich wie ein Grabtuch. Er glotzte mit starren Augen zur Stube herein und forderte seine Zipfelkappe zurück.

»Komm raus, du!«, rief er mit Grabesstimme und deutete auf das furchtlose Mädchen. »Komm raus, du mit deinen langen Zöpfen – und gib mir die Kappe wieder!«

Was half nun der trauliche Schein der Lampe, was nützte die warme Stube? Die Mädchen bekamen es mit der Angst und bedrängten jene, die auf dem Gottesacker gewesen war, zu tun, was der Tote von ihr verlangte.

Die Kecke besann sich nicht lang. Sie öffnete einen Spaltbreit das Fenster, fasste die Kappe mit der Ofenzange und reichte sie dem Gespenst hinaus. »Da hast du, was dein ist!«

Der Tote gab sich so rasch nicht zufrieden. Er schüttelte grinsend den Kopf und verlangte: »Bring sie mir morgen um Mitternacht dahin zurück, wo du sie mir gestohlen hast, sonst dreh ich euch allen den Hals um!«

Das Mädchen war nicht gerade begeistert von diesem Begehren; aber es blieb ihr nichts anderes übrig, sie willigte ein. »Abgemacht!«, rief der Tote, bevor er vom Fenster verschwand. »Und sei pünktlich, hörst du!«

In der folgenden Nacht, Schlag zwölfe, begab

sich das Mädchen abermals auf den Kirchhof hinaus, diesmal nicht ohne Herzklopfen. Wiederum fand sie den Geist auf dem Hügel des Grabes sitzen, barhäuptig, mit gefletschten Zähnen, die Knochenfinger gespreizt. Er ließ sich die Kappe aufsetzen, ohne dass er sich rührte und ohne ein Wort zu sagen. Er grinste das Mädchen bloß schweigend an und das Grinsen, es ging ihr durch und durch.

Verständlich, dass sie so schnell wie möglich wieder nach Hause will. Kaum hat sie dem Toten die Kappe übergestreift, da sucht sie auch schon das Weite: Mit wehenden Röcken, mit fliegenden Zöpfen rennt sie davon.

Doch die Ärmste, sie kommt nicht weit! Plötzlich – ein Ruck an den Zöpfen! Der Tote hat sie mit seinen Knochenfingern gepackt und nun hält er sie ohne Erbarmen fest. Das Mädchen stößt einen gellenden Schrei aus, sie ruft um Hilfe.

Die Nachbarn hören es, mit Laternen und Windlichtern kommen sie auf den Friedhof gerannt. Sie finden das Mädchen, das Mädchen ist tot. Es hängt mit den langen Zöpfen an einem Grabkreuz, da ist es wohl aus Versehen hängen geblieben... Es ist nicht der Geist mit der Zipfelkappe gewesen, der sie getötet hat. Sie ist einem Missverständnis zum Opfer gefallen, getötet hat sie der jähe Schreck.

Zwölf oder dreizehn?

Die meisten Leute sind ja zum Glück weder durch und durch gut noch ganz und gar böse: eine Tatsache, die das Zusammenleben erträglich macht. Allerdings gibt es nach beiden Seiten hin Ausnahmen und da wird es schon schwieriger. Mit den ganz und gar Guten mag es noch angehn, weil sie wenigstens schiedlich und friedlich sind, wenngleich sie einem mit ihrer immer währenden Güte bisweilen zur Last fallen. Die Bösen hingegen, die wirklich von Grund auf Bösen, finden mit keinem Menschen ihr Auskommen, nicht einmal mit sich selbst. Und so darf es einen nicht wundern, wenn es mit ihnen und ihresgleichen oftmals ein schlimmes Ende nimmt.

Weit droben im Bayerischen Wald, auf die böhmische Grenze zu, kann es verspäteten Wandersleuten noch heut geschehen, dass sie des Nachts aus der Tiefe der Wälder ein wüstes Pfeifen und

Johlen hören, dann klatscht und pfatscht es ein paarmal wie Flintenschüsse, aber in Wirklichkeit ist es der Stilzl, der seine Geißel schwingt und sie schnalzen lässt, dass es nur so knallt. Nein, eigentlich ist es nicht der Stilzl, der ist ja seit langem tot. Wer da pfeift und johlt und die Geißel schwingt, ist dem Stilzl sein Geist, den es nächtens umtreibt im Wald, weil er keine Ruhe findet in jener Grube draußen, wo man ihn damals verscharrt hat, weil er das Recht auf ein Grab in geweihter Erde verwirkt hatte. Dies alles liegt nun schon weit zurück, auch die Stelle im Grenzwald, wo man den Stilzl unter die Erde gebracht hat, ist längst vergessen – aber der Stilzl nicht.

Damals hat es in Warzenried sieben Bauern gegeben, Waldbauern, und der Stilzl ist ihr gemeinsamer Rosshirt gewesen. Am Morgen hat er die Rösser zusammengetrieben von allen Höfen, dann ist er mit ihnen hinaus zu den einsamen Wiesen im Wald; dort hat er sie grasen lassen den ganzen Tag, und am Abend dann, wenn es zu dunkeln anfing, hat er sie wieder heimgetrieben nach Warzenried.

Er selbst ist ein kleiner, hässlicher Bursch gewesen, mit langen Armen und kurzem Hals, rothaarig wie ein Fuchs, das Gesicht voller Narben, weil er in jungen Jahren die Blattern gehabt hat. Und böse ist er gewesen, der Stilzl, abgründig böse und hinterhältig. Geflucht hat er und gesoffen für drei – und gerauft für sieben: rasch bei der Hand mit den Fäusten, dem Maßkrug und, wenn ihn die gache Wut packte, mit dem Messer. Freunde hatte er nicht, das kann man sich vorstellen, und an Feinden hat es ihm nicht gemangelt. Aber das ist ihm grad recht gewesen, dem Stilzl, denn stets hat er jemand gebraucht, mit dem er sich hakeln, an dem er sich reiben konnte.

Draußen im Wald freilich ist er allein gewesen mit seinen Rössern, da hat er mit niemand streiten können, mit niemand raufen, selbst wenn ihm danach zumute gewesen ist. Dann hat er sich halt auf andere Weise Luft machen müssen, mit Johlen und Fluchen und Geißelschnalzen. An solchen Tagen haben die Holzknechte einen großen Bogen um ihn gemacht. Und die Jäger, die Aschenbrenner, die Pechkratzer auch. Einmal will ihn der Wolßengirgl sogar beobachtet haben, wie er im Zorn mit der Geißel auf einen Wetterbaum losgeschlagen hat. Und der Baum soll vor Schmerz und Verzweiflung um Hilfe geschrien haben, dass es dem Girgl durch Mark und Bein gegangen ist.

An solch einem Untag, wo ihn der wilde Zorn geritten hat, muss es dann wohl geschehen sein. Gegen Abend, wie sich der Stilzl anschickt, die Rösser zusammenzutreiben, bevor er mit ihnen den Heimweg antritt, da zählt er sie ab, damit ihm auch keines fehle. Mit dreizehn ist er am Morgen hinausgezogen und dreizehn sind es auch jetzt am Abend.

Zufrieden besteigt der Stilzl den Fuchsen vom Heuhof. Noch einmal zählt er die Pferde – jetzt aber, Kruzitürken, sind es nur zwölf. »Sapperlot!«, überlegt der Stilzl. »Wie gibt's denn so was?«

Der Stilzl sitzt ab, zählt die Rösser ein drittes Mal: Es sind dreizehn. Dann schwingt er sich auf den Fuchsen und will schon abrücken mit der Herde – doch wie er die Rösser zum vierten Mal abzählt, sind's wiederum ihrer zwölfe. »Potz Marter und Pestilenz!«, flucht der Stilzl. »Bin ich denn blöde? Ich kann doch bis dreizehn zählen!«

Ein Dutzend Mal, wenn nicht öfter, hat er an diesem Abend die Rösser gezählt. War er zu Fuß, dann sind's dreizehn gewesen. Dann aber, wenn er zu Ross saß, waren es bloß noch zwölfe: weil er versäumt hat, den Fuchsen vom Heuhof mitzuzählen, auf dessen Rücken er draufhockte.

Zwölf oder dreizehn? Da musste der Teufel die Hand im Spiel haben, wer denn sonst! Und schließlich ist es dem Stilzl zu bunt geworden. »Hol mich der Schinder!«, hat er gewettert. »Ob zwölf, ob dreizehn, das mach ich nicht länger mit – es hängt mir zum Hals heraus.«

Die dreizehn Rösser von Warzenried sind an diesem Abend allein nach Hause zurückgekehrt, ohne den Rosshirten.

Und der Stilzl?

Drei Tage später hat ihn der Wolßengirgl draußen im Wald gefunden, unweit der Weihelwiese an jenem Wetterbaum. Dort hatte er sich im Zorn an der Schnur seiner eigenen Geißel erhängt, der Stilzl. Zwölf oder dreizehn Rösser? – Das hatte ihn zur Verzweiflung gebracht. Und zum bösen Ende.

Sie haben ihn abgeschnitten, sie haben ihn draußen an Ort und Stelle verscharrt. Seither treibt es den Stilzl zu nächtlicher Stunde um. Noch heute

kann es verspäteten Wandersleuten geschehen, dass sie ihn johlen und pfeifen hören und wild mit der Geißel schnalzen, weit droben im Bayerischen Wald, auf die böhmische Grenze zu.

Eulen und Fledermäuse

Gespenster pflegen in aller Regel für sich allein zu spuken, auf eigene Faust. Nur ausnahmsweise geschieht es, dass sie sich in Gesellschaft von ihresgleichen zeigen, wie etwa die kopflosen Kegelbrüder in der Kirchenruine zu Vöppstedt. Was jedoch dazu geführt haben mag, dass sich auf einem gewissen Anwesen im Württembergischen gleich ein ganzer Schwarm von Gespenstern niedergelassen hatte – das bleibt deren Geheimnis.

In Altdorf, unweit von Ettenheim, auf einem der schönsten und stattlichsten Bauernhöfe weit und breit, hat es vorzeiten nur so von Nachtgespenstern gewimmelt. Wie Fledermäuse haben sie im Gebälk genistet, tagsüber still und friedlich. Des Nachts aber, ach du liebes Herrgöttle! Es ist nicht zu beschreiben, wie arg sie es da getrieben haben. Mit Pfeifen und Kichern, mit Zähneknirschen und Eulenschrei. Holzscheiter haben sie an die Wände geschmissen, mit Töpfen und Tiegeln geklappert, Bilder sind von der Wand gefallen, Besen und Schürhaken durch die Luft geflogen. Was Wunder, dass niemand dort auf die Dauer wohnen wollte.

Der Hof also ist in rascher Folge verkauft und weiterverkauft worden: Jedermann hat drei Kreuze geschlagen, wenn er ihn wieder los war. Bis schließlich ein junger Mann ihn erworben hat, der in der Gegend fremd und zudem noch katholischen Glaubens war. Der Geisterspuk ist auch ihm nicht erspart geblieben. Was aber tut unser junger Mann? Er tritt eine Wallfahrt nach Rom an, auf Schusters Rappen wandert er über Berg und Tal zum Heiligen Vater, dem Papst. Ihn fragt er um Rat, ihn fleht er um Hilfe an. Und der Heilige Vater würdigt ihn seines allerpäpstlichen Beistands, indem er ihm einen dürren Stecken schenkt und ihm aufträgt: »An diesem Stecken wandre zurück nach Hause, mein Sohn. Dort angekommen pflanze den Stab in die Erde ein, und zwar auf der linken Giebelseite des Hauses, zwölf Schritte entfernt von der Mitte, keinen Schritt drüber und keinen drunter, so wird dir geholfen sein.«

Der junge Mann bedankt sich beim Heiligen Vater, dem Papst von Rom, und wandert nach Altdorf zurück. Zu Hause pflanzt er den päpstlichen Stecken genau an der vorgeschriebenen Stelle ein. Und der Stecken? Kaum eingepflanzt schlägt er im Erdreich Wurzeln, es sprießen Äste, es sprießen Zweige daraus hervor, und oh Wunder! – die Zweige belauben sich über und über mit frischem Grün. Da war es mit einem Mal aus und vorbei mit dem Geisterspuk. Der Baum nämlich hatte sie samt und sonders auf sich gezogen, die lästigen Unruhgeister: In seiner Krone waren sie festgebannt, dort saßen sie nun gefangen wie Spatzen im Netz.

Von Stund an hauste der junge Mann unbehelligt und friedlich auf seinem Hof. Nun konnte er guten Gewissens heiraten, guten Gewissens auf Kinder hoffen.

Es kamen zwei Mädchen zur Welt, es fanden sich Freier für sie, als die Zeit gekommen war. Der ehemals junge Mann überschrieb der älteren Tochter und deren Mann den Hof, und zwar unter einer Bedingung: Niemals und unter keinen Umständen dürfe der Baum an der linken Giebelseite des Hauses gefällt werden.

Der Schwiegersohn hat sich daran gehalten, desgleichen sein ältester Sohn, der nachmals den Hof von ihm übernommen hat. Der Sohn des Enkels hat nicht mehr genau gewusst, weshalb der Baum nicht gefällt werden durfte, erst recht nicht des Enkels Schwiegersohn. Der uralte Baum an der Giebelseite des Hauses wurde ihm lästig, er ließ ihn umhauen.

Kaum aber war er gefallen, da kam es wie Eulen und Fledermäuse emporgeschwirrt aus der Krone des niedergestürzten Baumes. Schurr-schurr! Eine graue Wolke von nebliger Farbe schwirrte dem Dach des Hauses zu – und zum offenen Giebelfenster hinein.

Von jetzt an, so wird berichtet, habe es auf besagtem Bauernhof wiederum in der vormals gewohnten Weise gespukt. Es habe sich Pfeifen und Kichern vernehmen lassen zu mitternächtlicher Stunde, Zähneknirschen und das Geschrei von gespenstischen Eulen. Wiederum seien Besen und Schürhaken durch die Luft geflogen, es habe mit Töpfen und Tiegeln geklappert – kurzum, es sei alles wieder beim Alten gewesen. Dem Nachbesitzer des Nachbesitzers sei dies zu bunt geworden. In seiner Verzweiflung habe er Feuer gelegt und dafür gesorgt, dass der Hof heruntergebrannt sei bis auf die Grundmauern.

Ob es geholfen hat? Ob die Gespenster die Brandstätte seither gemieden haben? Ich kann es nicht sagen, man hat es mir nicht berichtet; mit schlichten Worten: Ich weiß es selber nicht.

Die blaue Agnes

Wo von Gespenstern die Rede ist, denkt man gemeinhin an weiße Gestalten, grässlich und Furcht erregend, von denen kein Mensch sich Gutes erwarten darf. Dennoch gibt es auch hier die berühmten Ausnahmen von der Regel, denen man alles nachsagen kann, bloß nichts Schlechtes. Und manche von ihnen, man höre und staune, sind nicht einmal richtig weiß! Zu dieser, allerdings raren Sorte guter Gespenster, die nicht einmal weiß sind, zählt ohne Zweifel die blaue Agnes, von der man sich in der guten alten Stadt Nürnberg mancherlei zu erzählen wusste.

Damals, in jenen fernen Zeiten, waren die meisten Nürnberger Häuser aus Holz oder Fachwerk erbaut. Bedenkt man, wie dicht sie beisammenstanden, Giebel an Giebel, so kann man sich vorstellen, was es hieß, wenn irgendwo in der Stadt ein Feuer ausbrach. Deshalb versah auf vielen der

Nürnberger Türme ein Wächter den Dienst. Aufgabe dieser Männer war es, vor allem nach Einbruch der Nacht danach Ausschau zu halten, ob sich nicht irgendwo im Gewinkel der engen Gassen und Gässchen der Schein eines Feuers zeigte. War dies der Fall, so mussten die Türmer aus voller Lunge ins Horn stoßen, um die schlafenden Bürgersleute zu wecken und aus den Federn zu scheuchen, auf dass sie versuchten, mit Gottes Hilfe das Feuer rechtzeitig einzudämmen, bevor es auf andere Häuser, ja ganze Stadtviertel übergriff.

Der Sinwellturm auf der Burg bot von allen Nürnberger Türmen den besten Rundblick über die ganze Stadt. Seit Jahrzehnten war er mit einem besonders zuverlässigen Wächter besetzt, Jörg Kohler mit Namen, Leineweber von Haus aus. Sein Weib und sein Töchterchen Agnes waren bei einem der letzten Brände ums Leben gekommen, danach war er Türmer geworden und hatte sich auf den Sinwell zurückgezogen. Um sich die Zeit zu vertreiben, brachte er tagsüber in der Turmstube manche Stunde am Webstuhl zu, den er sich eigens dort hatte aufstellen lassen. Einmal die Woche stieg er mit seiner Webe die schmale, vielfach gewundene Wendeltreppe hinunter, ging auf den Markt und verkaufte dort seine Leinwand. Von dem Erlös versah er sich für die kommende Woche mit allem, was er zum Leben brauchte, und kehrte dann auf den Turm zurück.

Eines solchen Tages, wen fand er da bei der Heimkehr vom Markt auf der Schwelle des Turmes vor? Ein kleines, ein fremdes, in Lumpen gehülltes Mädchen. Sie wusste nicht, wie sie hieß noch woher sie kam. Ein Findelkind, wie es damals viele gab, war ihm zugelaufen: ein ängstliches, halb verhungertes Findelkind. »Magst du bei mir bleiben?«, fragte der Türmer das fremde Mädchen, ohne sich lang zu bedenken. »Ich werde dich Agnes nennen, wenn's recht ist.«

Die kleine Agnes lebte von jetzt an beim alten Jörg auf dem Sinwell wie seine leibliche Tochter. Frei und unbeschwert wuchs sie über den Dächern der Stadt heran. Der Alte lehrte sie Leinwand weben, zum Zeitvertreib. Und webte sie Leinwand: weiß Wunder, woran das liegen mochte, dann wurde die Leinwand blau, so blau, wie sie blauer nicht hätte sein können, das ist

wirklich wahr! So darf es uns nicht erstaunen, dass auch sie selbst sich am liebsten in blaues Leinen gekleidet hat. Daran lag es wohl, dass sie, zu einem der schönsten Mädchen im weiten Umkreis herangediehen, mit langen Zöpfen und voller Anmut, nur noch die blaue Agnes genannt wurde von den Leuten in Nürnberg und drum herum.

Wie es dann weitergegangen ist mit der schönen, der blauen Agnes? Merkwürdig ist es weitergegangen mit ihr, höchst merkwürdig, wenn man den alten Geschichten trauen darf.

Jörg Kohler, des Mädchens Ziehvater auf dem Sinwell, war mit den Jahren älter geworden und immer älter, ein graues, zittriges Greislein zu guter Letzt. Das Mädchen umhegte und pflegte ihn, wie die eigene Tochter es besser nicht hätte tun können – bis zu jener Nacht, als es mit dem Alten zu Ende ging. Schwer atmend saß er im Sessel neben dem Webstuhl, der alte Türmer, rasselnd und pfeifend rang er nach Luft. Und das Mädchen, wie sie das Fenster der Turmstube öffnet und, eher zufällig, einen Blick auf die schlafende Stadt wirft: Da sieht sie voller Entsetzen, dass unten, hinter der Kirche zu Sankt Sebaldus, ein Feuer aufscheint!

Die blaue Agnes, das gute Mädchen, was soll sie tun? Wie soll sie sich nun entscheiden? Der Sterbende braucht ihren Beistand – und unten brennt es!

Da hat sich die blaue Agnes, das gute Mädchen, für ihres sterbenden Ziehvaters Pflicht entschieden. Das Feuerhorn reißt sie mit raschem Griff von der Wand. Dann setzt sie es an die Lippen und stößt hinein, was die Lungen hergeben. »Feurioh, Feurioooh!«, ruft sie aus voller Kehle, bevor sie aufs Neue ins Horn stößt. »Feurioh, Feurioooh!«

Die andern Türmer zu Nürnberg hören den Warnruf vom Sinwell, sie nehmen ihn auf und geben ihn weiter. »Feurioh, Feurioooh!«, schallt es von allen Türmen über die Stadt.

Mit Gottes Hilfe haben die Bürger von Nürnberg es diesmal gerade noch schaffen können, dem roten Hahn die Flügel zu stutzen, bevor es zu spät war. Der Feuerherr, als der mit derlei Dingen befasste Ratsherr der Stadt, ist am nächsten Morgen dann eigens die vielen Stufen emporgestiegen zur Wächterstube des Sinwellturms, um dem alten Kohler für die Errettung der Stadt zu danken. Und droben? Dort hat er sie beide vorgefunden – den greisen Türmer, friedlich entschlafen im Sessel neben dem Webstuhl, und draußen, neben der Brüstung des Turmes, das Feuerhorn fest umklammernd mit den erstarrten Händen, die schöne, die blaue Agnes. Ein Rinnsal Blutes zog sich vom linken Mundwinkel abwärts zu ihrem Kinn, ganz fein nur, ganz dünn und zart.

»Item« – so der zu Protokoll gebrachte Bericht des Feuerherrn. »Es muss wohl die blaue Agnes zu stark und zu übermäßig geblasen haben, dahero dem armen Mädchen die Lungen geborsten sind.«

Eine schöne Geschichte, ein trauriges Ende fürwahr, vorausgesetzt dass die Geschichte nicht etwa weitergeht.

Von jetzt an, so jedenfalls wird berichtet, habe sich hin und wieder ein bläulicher Schimmer gezeigt auf dem Sinwellturm, nachts um die Geisterstunde. Jemand habe dort oben für Ordnung gesorgt, in der Türmerstube. Jemand habe den Wächter mehr oder minder sanft in die Rippen gestoßen, wenn er versehentlich einmal vom Schlaf übermannt worden war, was ja vorkommen konnte. Vor allem jedoch: Wann immer der Stadt ein

Brand bevorstand, habe das Feuerhorn an der Wand der Türmerstube heftig zu schaukeln begonnen, und dies nicht von ungefähr.

So habe die blaue Agnes auch fürderhin stets versucht, Schaden von Nürnberg und seinen Mauern abzuwenden. Ein paarmal sei dies sogar noch im letzten Krieg geschehen, bis dann die alte Kaiserstadt an der Pegnitz im Hagel der Fliegerbomben in Schutt und Asche versunken ist: das Schicksal so vieler Städte in Deutschland teilend, vor dem selbst die blaue Agnes sie nicht bewahren konnte.

Junker Hansens Saufgespenster

Manches edle Geschlecht, manches fürstliche Haus vor allem hat seine Ahnfrau, die über das Wohl der Familie wacht und als Weiße Frau in Erscheinung tritt, wo immer es darum geht, die Nachgeborenen vor drohendem Unheil zu warnen. Die folgende Geschichte hingegen, durch den Mund eines geistlichen Herrn mit Namen Jobus Fincelius überliefert, der sie anno 1556 am Sonntag Judica, als dem Schwarzen Sonntage, einer andächtig im Herrn versammelten Pfarrgemeinde von der Kanzel herab verkündet hat: Sie handelt ganz ausnahmsweise von einem Weißen Ahnherrn. Zugetragen hat sie sich, wenn der Predigt zu trauen ist, unweit der ehrenfesten Stadt Görlitz an der Neiße, heutigen Tages hart an der Grenze zu Polen gelegen, was ja nicht immer der Fall gewesen ist.

War da ein junger Edelmann, Junker Hans geheißen, aus gutem alten Geschlecht, seit Jahrhunderten in der Lausitz angesessen, der weitere Name mag nichts zur Sache tun: Dieser Junker Hans also, jung und rank und zu jederlei Übermut aufgelegt, ist mit zweien seiner Kumpane beim Trunk gesessen, zu Hause, auf seiner Väter und Vorväter Edelhof. Und wie es manchmal so geht, in der Lausitz und anderswo, haben sie wacker gezecht und sich schandbar voll laufen lassen mit Bier und Wein, bis die beiden Kumpane zu Bette gewankt sind, auf schwankenden Beinen kaum noch dazu imstande, sich einigermaßen manierlich fortzubringen.

Der Junker indessen, besagter Hans, habe weiterhin ausgehalten am Tisch und weitergesoffen für drei, bis dass ihm der Kopf auf den Tisch gesunken sei. Und da habe der Junker dann, seiner Sinne beraubt, mit dem Kopf auf der Tafel gelegen und lauthals zu schnarchen begonnen.

Nicht lange jedoch! Denn unversehens, trotz seines steifen Rausches, vernimmt er ein seltsames Rappeln und Trappeln, vom Fenster her. Dem Junker fällt es nicht leicht, den Kopf zu heben. Er muss sich ein paarmal den Schlaf aus den Augen

wischen, bevor er sie sehen kann: Winzige Männlein sind es, spannenlang und von schwärzlicher Farbe, die da zum Fenster hereinwimmeln, dutzendweise. »Sauf aus, guter Junker!« Fröhlich schallt es dem einsamen Zecher von allen Seiten entgegen. »Sauf aus, guter Junker, sofern du ein rechter Kerl bist! Sauf aus, sauf aus!«

Die schwärzlichen Männlein: Wer wollte bezweifeln, dass es Gespenster sind, Saufgespenster? Sie schwenken die Becher, sie klappern mit Kannen und Krügen. »Sauf aus, guter Junker! Sauf aus, sauf aus!«

Die Versuchung ist groß für den Junker Hans. Soll er zugreifen? Soll er den munteren Saufgespenstern beweisen, dass er ein rechter Kerl ist, der sich nicht lumpen lässt?

Schon streckt er die Hand nach dem nächsten Becher, schon will er ihn an die Lippen führen – da tritt ihm ein fremder Mensch entgegen. Fremd und, so will es dem Junker scheinen, dennoch nicht gänzlich unbekannt. Weiß in Weiß ist der Fremde gewandet, ein bisschen steif und ein bisschen gestrenge von Angesicht. »Hänsichen, Lieber!« Die Brauen gerunzelt, blickt er den Junker an. »Lass das, ich bitt dich, mein Hänsichen! Keinen Schluck mehr!«

Der also angesprochene Junker Hans oder Hänsichen, falls dem Bericht des Herrn Pfarrers zu glauben ist: Glasigen Blickes habe er aufgeschaut, über den Rand des Bechers hinweg. Und dann habe er jenem fremden Herrn ins Gesicht gestarrt, als traute er seinen Augen nicht.

»Hör nicht auf jene, mein Lieber!« Bei diesen Worten habe der Weiße die schwärzlichen Männlein vom Tisch gescheucht, dass sie jaulend das Weite gesucht hätten. »Hör nicht auf jene, sofern dir dein guter Name teuer ist! Keinen Schluck mehr, mein Hänsichen – keinen, auf Zeit und Ewigkeit!«

Der weiße Fremde hat auf den Junker, so scheint's, einen großen Eindruck gemacht. Jedenfalls habe dieser von Stund an, so Jobus Fincelius, jeglichem weiteren Trunk entsagt. Nicht nur dem übermäßigen Saufen und nicht nur an jenem Abend zu später Stunde – nein, jeglichem weiteren Trunk, und dies ein für alle Mal.

Wenn das kein prächtiger Anlass für eine Predigt ist! Jede vom Laster der Trunksucht errettete

77

Seele sei Gott befohlen – und allen sonstigen Christenmenschen zu tätiger Nachfolge, nicht nur im Umkreis der ehemals reichen und wehrhaften Stadt Görlitz an der Neiße.

Haben wir sonst noch etwas hinzuzufügen? Ach ja, was den weiß gewandeten Fremden anlangt, so hat uns in dieser Hinsicht der glaubens- und ehrenfeste Herr Jobus Fincelius leider im Ungewissen belassen. Aus anderer Quelle indessen konnten wir Folgendes in Erfahrung bringen.

Demnach habe der Junker Hans, der sich fürderhin jeden Trunkes tapfer enthalten hatte, nach vielen Jahren im Wege der Erbschaft von einem entfernten Verwandten des Hauses ein Bildnis vermacht bekommen: ein Bildnis, das seines und jenes Verwandten gemeinsamen Ahnherrn zeigte. In dunklem Rahmen, auf Leinen gemalt und schon recht verdüstert vom Staub der Zeiten, war da ein vornehmer Herr zu sehen, ein bisschen steif und ein bisschen gestrenge von Angesicht. Und dieser, der Ahnherr des edlen Hauses – was soll ich sagen? Wäre er, was auf besagtem Bild nicht der Fall gewesen ist, weiß gewandet gewesen: Aufs Haar genau hätte er jenem Fremden von damals geglichen, der unserem Junker die Saufgespenster vom Hals geschafft hatte, ein für alle Mal.

Fracht nach dem weißen Aland

Was geschieht mit den Seelen der Verstorbenen, wo nehmen sie nach dem Hinscheiden ihren Aufenthalt? Nahezu alle Religionen kennen ein eigenes Reich der Toten, nicht selten durch ein Gewässer vom Reich des Lebens geschieden. Häufig bildet ein dunkler Fluss die Grenze zwischen den beiden Welten. Wer einmal den Fuß ans andere Ufer gesetzt hat, für den gibt es kein Zurück mehr. Die Seelen der Toten werden von einem Fährmann übergesetzt, sei es in einem Nachen, sei es auf einem Floß – eine heidnische Vorstellung, wie sie manchmal noch in der Volkssage nachklingt.

Am Nessmersiel gegenüber der Insel Baltrum in Friesland lebte vor langen Zeiten ein Fischermann, der sich Jan Hugen nannte: rechtschaffen, arm und mit sieben Kindern gesegnet. Gegen ein kleines Entgelt nahm er hin und wieder auch Reisende mit an Bord, die nach Baltrum hinüberwollten oder nach Norderney, er war angewiesen auf jeden Nickel, den er auf solche Weise hinzuverdiente. Da kam eines Winters, am kürzesten Tag des Jahres, ein Fremder zu ihm ins Haus: Er suche einen gewissen Jan Hugen, ob er hier recht sei?

Der Fremde sprach leise, mit ruhiger Stimme. Er trug sich wie einer der alten Handelsherren, mit Dreispitz, Schnallenschuhen und weitem Reisemantel, ein spanisches Rohr mit goldenem Knauf in der linken Hand, und nachdem ihm Jan Hugen bestätigt hatte, dass er Jan Hugen sei, wollte der fremde Herr von ihm wissen: »Getraut Ihr Euch, Fischermann, diese Nacht nach dem weißen Aland zu segeln? Ich hätte Fracht für Euch, die noch heute hinübermuss.«

Das weiße Aland war eine flache sandige Insel, weit draußen in freier See, unbewohnt, ohne Baum und Strauch; den Fischern galt sie als ein verrufener Ort, den man tunlichst meiden sollte, vor allem nachts. »Es wird nicht zu Eurem Nachteil sein, wenn Ihr trotzdem segelt.« Der Herr zog die Börse. »Ich biete Euch einen Sechser je Seele, es sind bei dreitausend diesmal.«

»Dreitausend?«, fragte Jan Hugen staunend. »Die fasst mein Boot nicht.«

»Es geht nicht um Menschen, es geht um Seelen.« Im Voraus zählte der Fremde dem armen Fischer das viele Geld auf den Tisch der Stube, Münze um Münze. »Haltet Euch mit dem Boot gegen Mitternacht segelfertig am Deich bereit, dass wir keine Zeit verlieren.«

Jan Hugen schlug ein, Jan Hugen war rechtzeitig mit dem Boot zur Stelle. Es war eine stille, mondhelle Nacht. Die See war glatt wie ein Spiegel.

Bei Anbruch der Mitternachtsstunde verdunkelte sich der Mond, und nun merkte der einsame Schiffer, dass sich das Boot ein wenig zur Seite neigte, zum Deich hin. Alsbald begann sich der Laderaum ohne sein Zutun langsam zu füllen. Womit – das vermochte Jan Hugen nicht zu erkennen. Er hörte nur leises Geknister, als riebe sich dürres Stroh aneinander.

Das Schiff sank allmählich tiefer und immer tiefer. Schon hatte das Wasser die Bordkante fast erreicht, nur eine knappe Handbreit fehlte noch bis zum obersten Rand des Bootes. Dann war es so weit. Das Schiff hörte auf zu sinken, die Fracht war an Bord, nun konnte Jan Hugen ablegen.

Eine leichte Brise war aufgekommen. Der Fischermann segelte unter Barkum durch und nahm Kurs auf das weiße Aland, wo der Fremde ihn schon erwartete. »Legt an, Jan Hugen, es wird eine Weile dauern.«

Abermals merkte Jan Hugen, wie sich das Boot ein wenig zur Seite neigte, diesmal zum weißen Aland hin. Der Fremde zog eine Liste hervor, dann verlas er die Namen, die da verzeichnet waren. Jedes Mal, wenn er einen der Namen verlesen hatte, wisperte eine Stimme: »Hier«, und allmählich wurde das Boot wieder etwas leichter.

Einige Namen kannte Jan Hugen. Es waren die Namen von Frauen, von Männern und Kindern, die im Verlauf des zu Ende gegangenen Jahres verstorben waren. Nun wusste Jan Hugen Bescheid über seine Fracht.

Im Jahr danach kam der Fremde wieder, auch diesmal am kürzesten Tag des Jahres. Wiederum bot er dem armen Fischermann einen Sechser je Seele. Und wiederum setzte Jan Hugen die Unsichtbaren in seinem Boot nach dem weißen Aland über, wo sie der fremde Herr schon erwartete.

So ging das nun Jahr um Jahr und alles verlief wie immer in guter Ordnung. Nur einmal, ein einziges Mal nur, ereignete sich ein kleiner Zwischenfall. Der Fremde verlas seine Namensliste und fragte dabei auch nach einem Mann namens Pidder Jansen. Doch Pidder Jansen war nicht an Bord gewesen. Wer dann wohl? »Ich«, ließ sich eine zaghafte Stimme vernehmen. »Ich bin seine Frau, Pidder Jansens Mieke, ich hab mich auf seinen Namen mitnehmen lassen.«

Noch viele Jahre besorgte Jan Hugen die Überfahrt nach dem weißen Aland. Einmal ist dann auch er an der Reihe gewesen und nicht mehr zurückgekommen. Wer sein Nachfolger wurde? Ich habe es nicht erfahren können. Nur eines weiß ich: Jemand wird seine Arbeit wohl tun müssen, denn getan werden muss sie wohl.

Huderwachl, geh her!

Dreimal dreizehn Geschichten. Die letzte ist kurz und endet mit einem dreifachen Juchzer, obgleich sie von einer armen Seele handelt, der Seele eines ungetauft verstorbenen Kindes. Von solchen Kindlein hat man in alten Zeiten gemeint: Da ihre Seelchen mangels der heiligen Taufe in heidnischem Zustand verblieben seien, hätten sie keinen Zugang zur ewigen Seligkeit. Ich persönlich vermag mir dies zwar nicht vorzustellen, vertrauend auf Gottes Barmherzigkeit; vormals indessen scheint man's in dieser Hinsicht bedeutend strenger genommen zu haben. Und weil sie ja irgendwo bleiben mussten, die Seelen der Ungetauften, so hat man sich auf die Himmelsmütter der alten Heiden besonnen, von denen man hoffen durfte, dass sie sich ihrer annehmen würden, drüben in jener Welt – wie es bei uns hier, am Fuß der bairischen Alpen, bis weit nach Tirol hinein und hinüber nach Österreich, die Frau Perchta tut.

Im Untersberg hat die Frau Perchta ihr heimliches Reich, dort umhegt und umsorgt sie die Seelen der Kindlein, die ohne Taufe verschieden sind. Die Kleinen sind dort gut aufgehoben, sie haben es warm dort unten und hell, es fehlt ihnen bei der Mutter Perchta an nichts, von der ewigen Seligkeit abgesehen. Und von der Tatsache, dass sie, da nicht getauft, keinen eigenen Namen haben – und dies mag nicht immer leicht sein für sie.

In den Raunächten zwischen Weihnachten und Dreikönig, da führt die Frau Perchta die Kindlein hinauf an die Oberwelt. Dann und wann sieht ein Sterblicher sie vorüberziehen, ungewiss, ob es nicht Schnee vor dem Wind sei, was ihm da über den Weg geweht kommt. So hat auch der Michi vom Toblerhof unweit Jenbach, wie er zu später Stunde einmal mit seinem Fuhrwerk von Kufstein heimgekommen ist und die Rösser ausspannt, damals mag er noch keine zwanzig gewesen sein: So hat auch der Michi zunächst gemeint, es sei Schnee, was es da im Schein des Mondes an ihm vorüberweht. Dann aber, wie er näher hinschaut – was sieht er zu seinem namenlosen Erstaunen? Er sieht einen Schwarm von Kindern im Schein des

Mondes vorüberhuschen. Alle sind weiß gewandet, im Kleid der Unschuld. Lautlos streichen die Kindlein am Michi vorbei, leicht und fröhlich, dass ihm bei ihrem Anblick das Herz im Leibe lacht.

Nur eines von ihnen, das letzte, das allerkleinste im ganzen Schwarm, das hat Mühe gehabt, mit den andern Schritt zu halten. Das Unschuldshemdchen, das weiße, mit dem es bekleidet war, ist ihm entschieden zu lang gewesen. Ständig hat er sich auf den Saum getreten und stolpern müssen, der Huderwachl; anderswo würde man sagen: der Hemdenmatz.

Was tut nun der Michi vom Toblerhof unweit Jenbach? Er tut, was ein braver Bursch halt so tut, dem's an kleinen Geschwistern daheim nicht mangelt. »Huderwachl, geh her!«, ruft der Michi dem Geistlein zu. »Hast ja ein Hemd an, das viel zu lang ist! Ich werd dir's 'naufbinden!«

Dazu ist es dann aber nicht mehr gekommen. Das Kindlein nämlich, das mit dem langen Hemd: »Gott vergelt's dir, Michi!«, hat es gerufen. »Jetzt hast du mir einen Namen gegeben! Jetzt bin ich der Huderwachl – jetzt darf ich hinauf in die ewige Seligkeit!«

Und war auch das Kindlein zuvor schon im Weiß der Unschuld gewandet, so hat es sich jetzt vervielfacht, das Unschuldsweiß, dass sich der Michi mit beiden Händen die Augen hat zuhalten müssen. Sehn können hat er folglicherweise nichts mehr. Aber gehört hat er umso deutlicher, wie der Huderwachl aus tiefster Seele gejuchzt hat. »Juch-hui!«, hat der Michi ihn juchzen hören, aus Freude darüber, dass er nun endlich auch einen Namen gehabt hat. »Juch-hui! Juchhuiii!«

Und dies ist der vorhin schon angekündigte dreifache Juchzer gewesen, mit dem sie endet: die dreimal dreizehnte der Geschichten in diesem Buch.

Thienemann Taschenbuch bei OMNIBUS

Kinderbücher
zum
Lesen und Vorlesen,
zum
Sammeln und Verschenken,
zum
Nachdenken und Träumen

Robert Bolt · Michael Bond · Achim Bröger
Michael Ende · Josef Göhlen · Sigrid Heuck · Tanja Kinkel
Max Kruse · Boy Lornsen · Ulrich Mihr
Otfried Preußler · Tor Seidler · Tina Spiegler
Ursula Wölfel · Elisabeth Zöller

Ursula Wölfels schönste Geschichten
»Perlen lesen«
Börsenblatt des Deutschen Buchhandels

Fliegender Stern
Mit Illustrationen von
Heiner Rothfuchs und
Bettina Wölfel
96 Seiten
OMNIBUS 26064
Ab 8

Joschis Garten
Mit Illustrationen von
Bettina Wölfel
128 Seiten
OMNIBUS 26066
Ab 8

**Der rote Rächer und die
glücklichen Kinder**
Mit Illustrationen von
Bettina Wölfel
128 Seiten
OMNIBUS 26065
Ab 10

Schon lange bleibt die
Büffeljagd der Indianer
erfolglos. Jemand muss
dem weißen Mann sagen,
dass wir die Büffel brau-
chen, um nicht zu hun-
gern, denkt sich der kleine
Junge Fliegender Stern und
reitet in die Siedlung der
Weißen.

Für eine Mark hat Joschi
dem Herrn Allemann
einen verwilderten Garten
abgekauft und in ein
blühendes Paradies ver-
wandelt. Doch für Herrn
Allemann war das
Geschäft mit Joschi nur
ein Spaß und plötzlich
rücken Bagger an.

Peter lebt im Heim und
träumt von Ferien bei seiner früheren Lehrerin.
Als keine Einladung
kommt, hält Peter es nicht
mehr aus. Er reist zu ihr,
doch die Lehrerin hat
bereits Besuch von den
glücklichen Kindern,
denen mit einer Familie.

Thienemann Taschenbuch bei OMNIBUS
www.omnibus-verlag.de

Michael Ende

Die Phantasie hat Flügel

Hansjörg Weitbrecht (Hrsg.)
Das Michael Ende Lesebuch
384 Seiten
OMNIBUS 26015
Ab 10

Mit Jim Knopf, Momo, Atréju und Fuchur geht es auf zur abenteuerlichen Lesereise. Auch der satanarchäolügenial-kohöllische Wunschpunsch brodelt zwei Kapitel lang gefähr-lich dahin, und wer bislang den Schnurps nicht kannte, erlebt hier, dass dieses Wesen zwar ein richtiger Dichter ist, aber partout nicht schön Guten Tag sagen will.
19 Kapitel aus Michael Endes weltberühmten Kinder- und Jugendromanen zum Kennenlernen und Wiederentdecken.

Thienemann Taschenbuch bei OMNIBUS

www.omnibus-verlag.de

Marita Conlon-McKenna

Sturmkinder
Eine irische Familiensaga

Ab 10

Band 1
Folgt immer dem Fluss
OMNIBUS 26086

Band 2
Aufbruch nach Amerika
OMNIBUS 26087

Band 3
Endlich ein Zuhause
OMNIBUS 26088

Wie Hunger sich anfühlt, wissen die Geschwister Eily, Michael und Peggy ganz genau. Denn Mitte des 19. Jahrhunderts wird Irland von einer schweren Hungersnot heimgesucht. Von ihren Eltern verlassen, brechen die drei zu ihren Verwandten auf. Mutig stellen sie sich allen Gefahren, die die beschwerliche Reise für sie bereithält. Jahre später trennen sich ihre Wege – doch die Geschwister verlieren sich nicht aus den Augen und halten in Zeiten der Not fest zueinander.